10 REASONS DONALD TRUMP WILL LOSE
Mark Heath

REASON 1

REASON 2

REASON 3

REASON 4

REASON 5

REASON 6

REASON 7

REASON 8

REASON 9

REASON 10

Thanks for reading